THIS DRAWING BOOK BELONGS TO

....

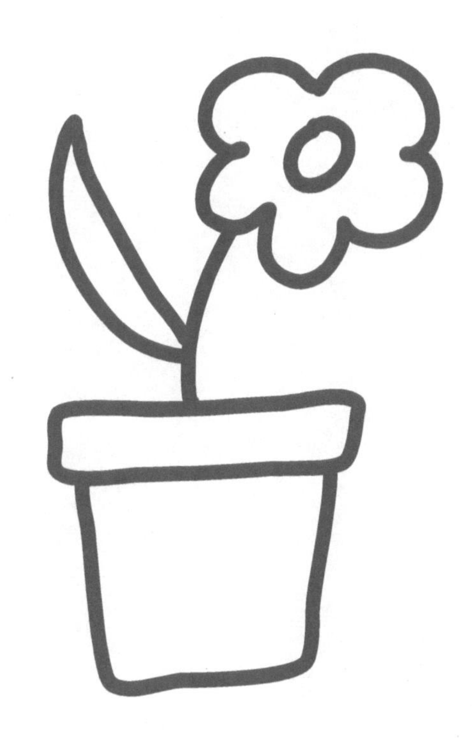

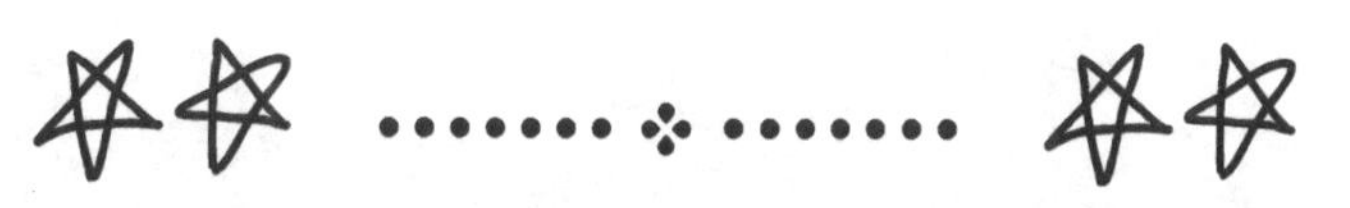

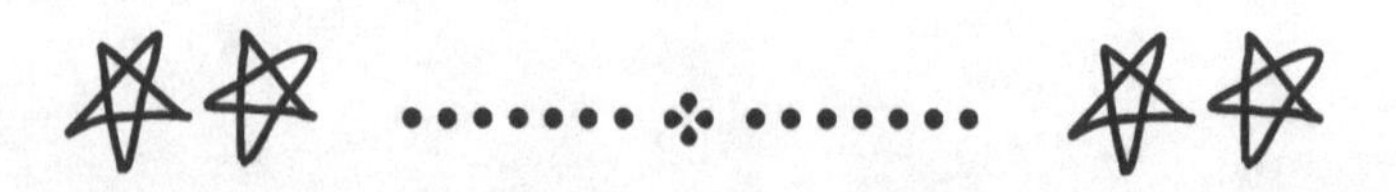

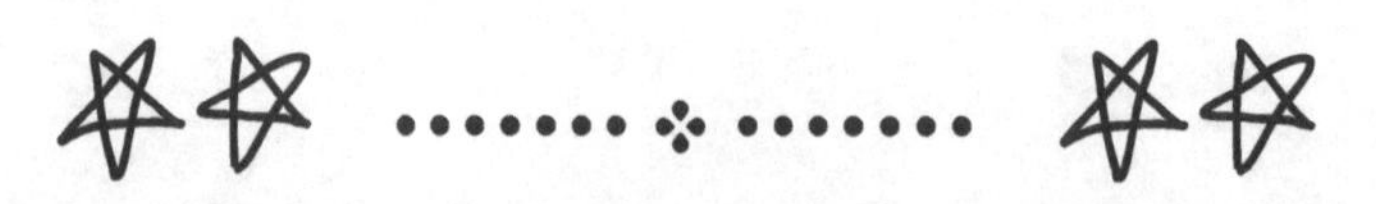

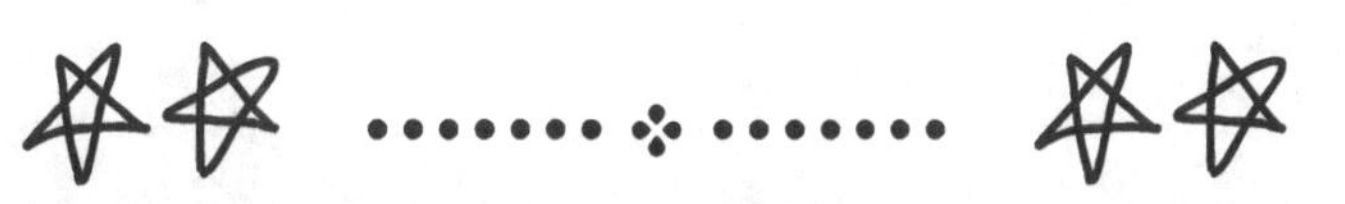

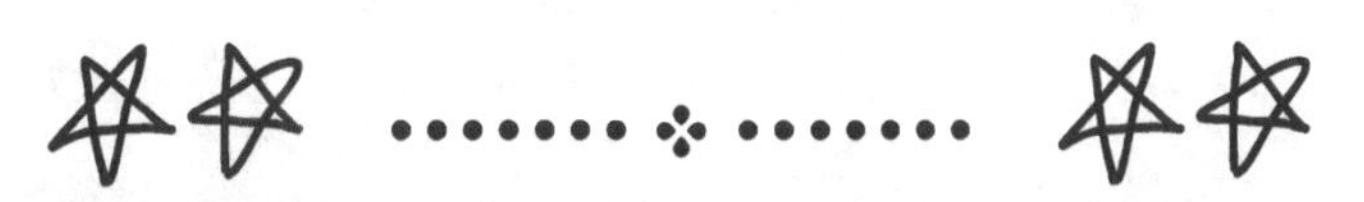

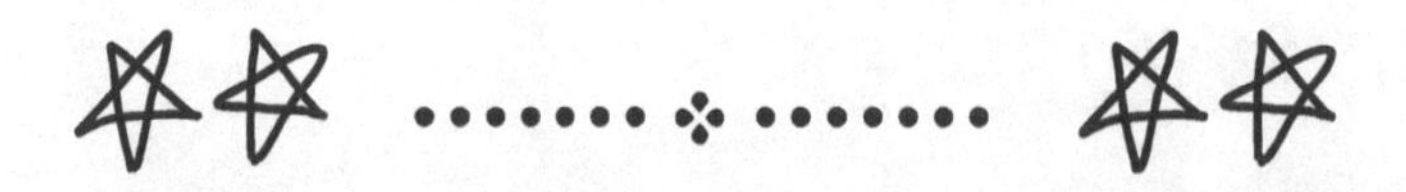

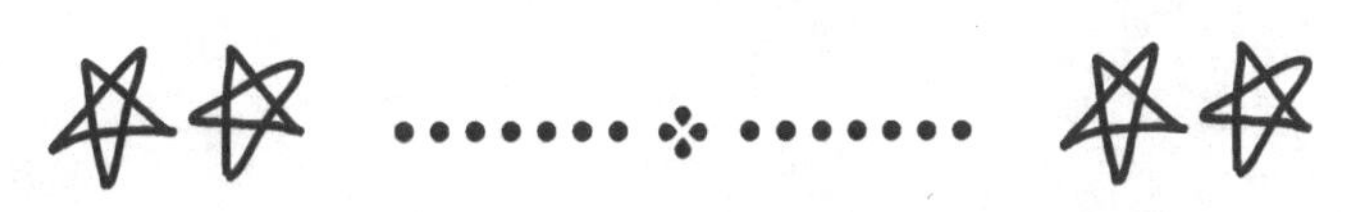

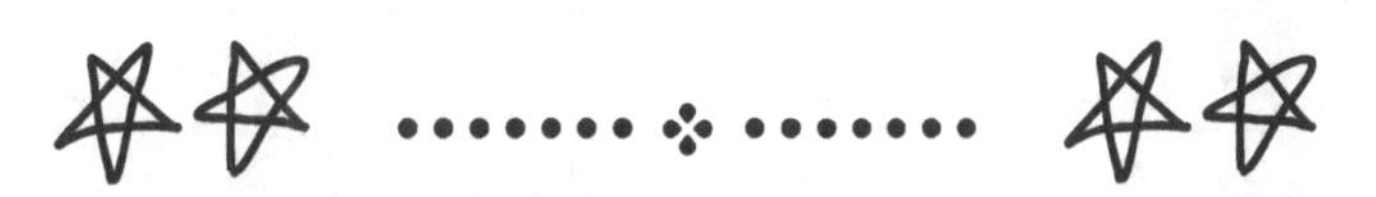

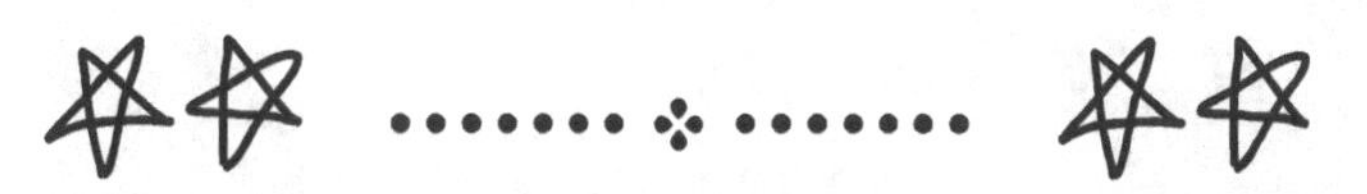

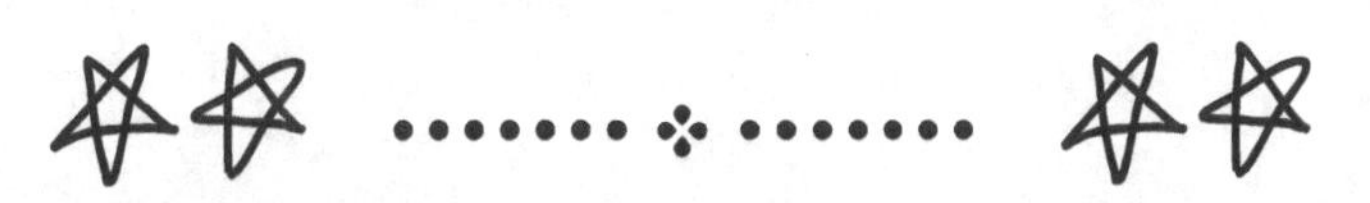

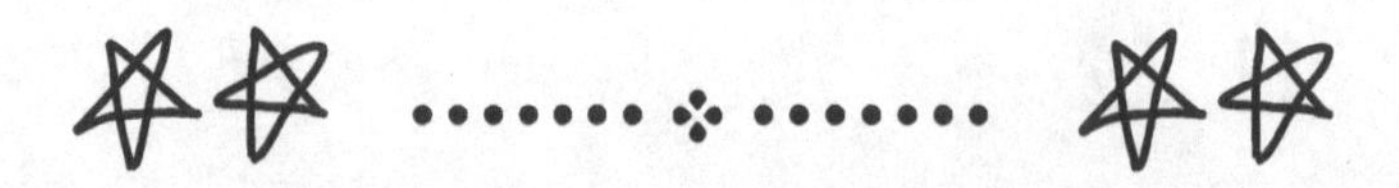

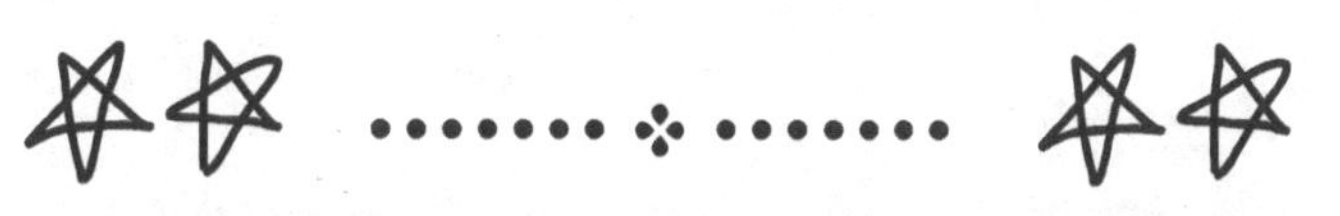

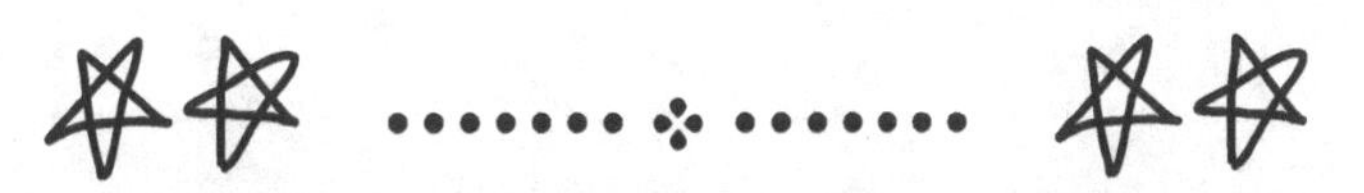

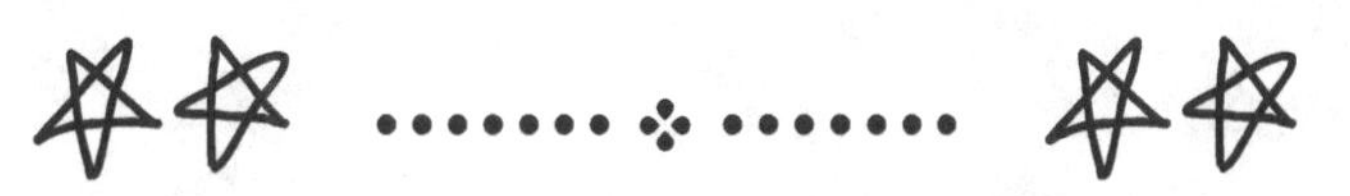

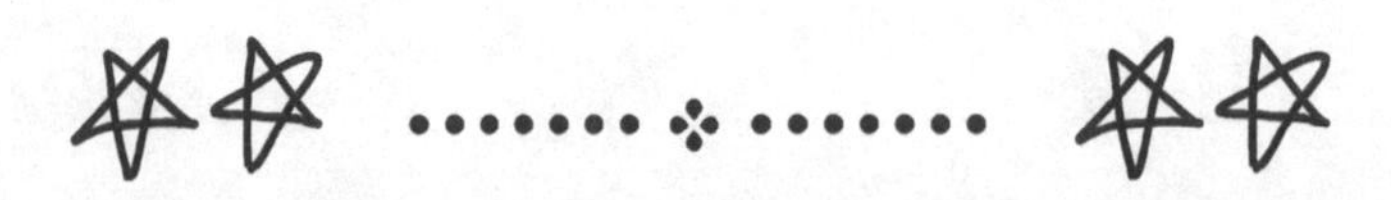

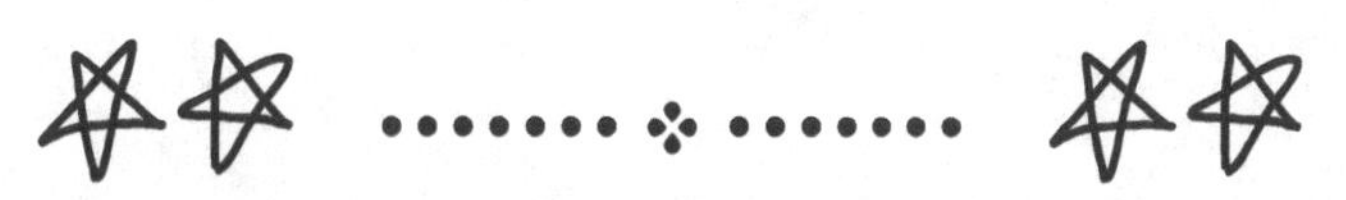

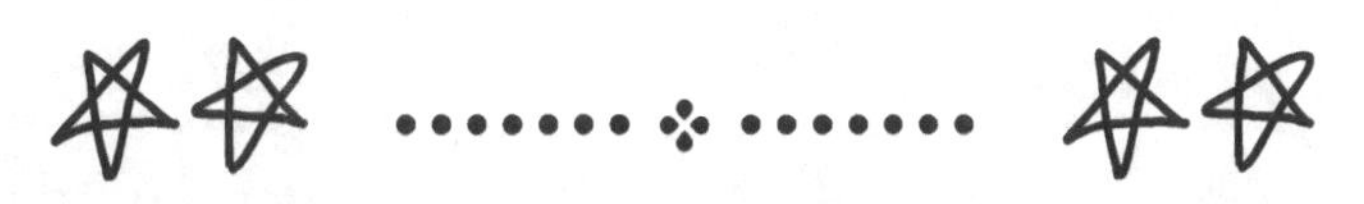

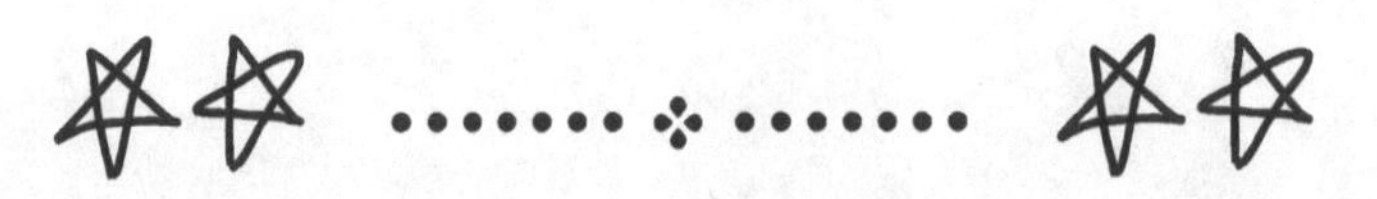

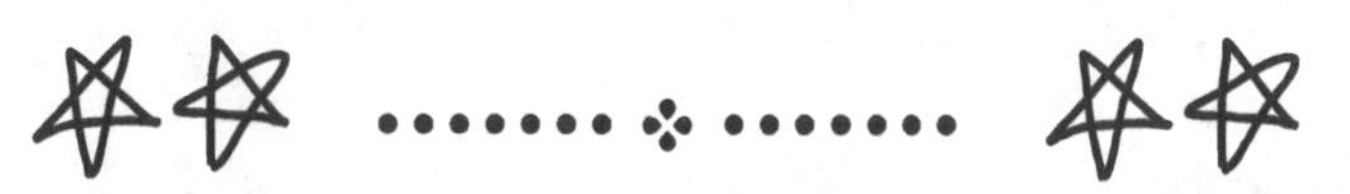

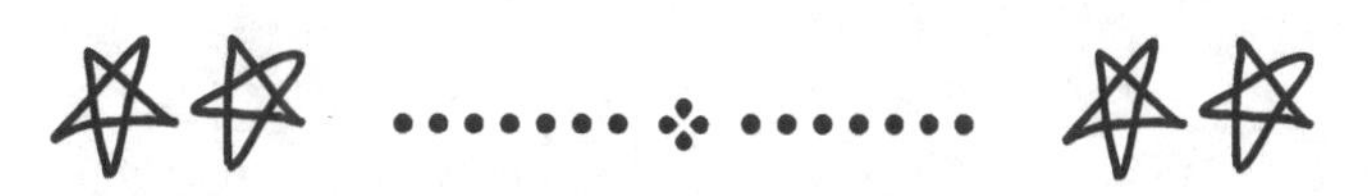

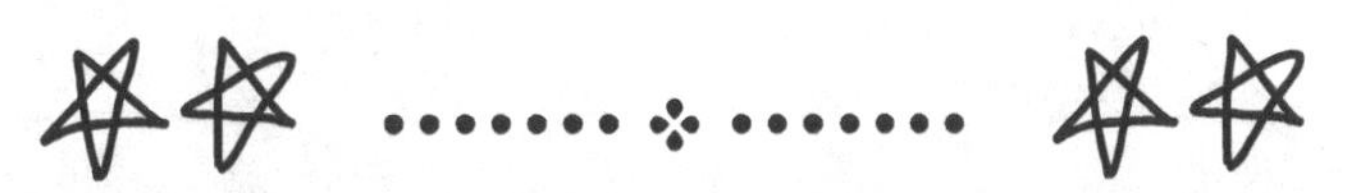

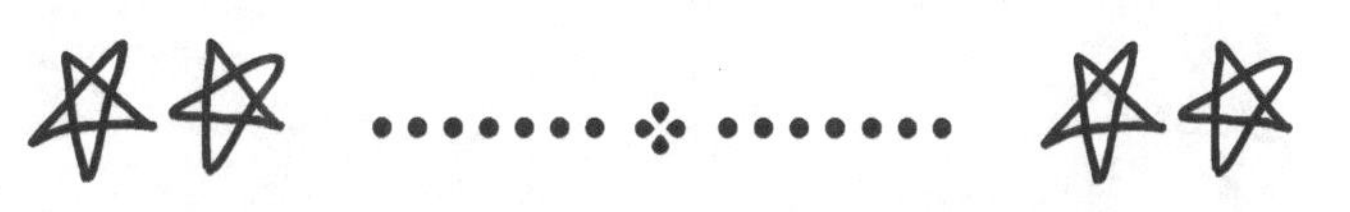

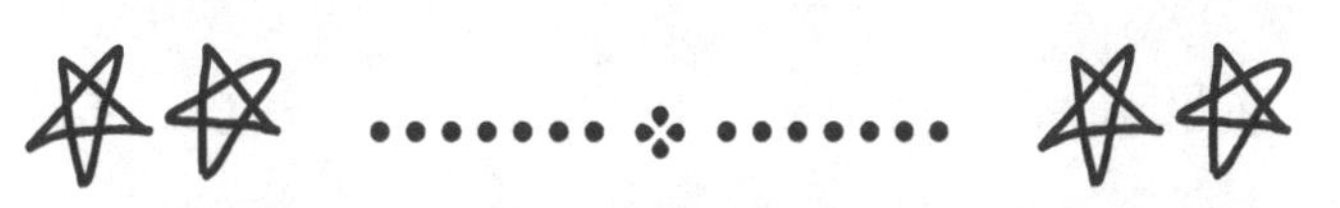

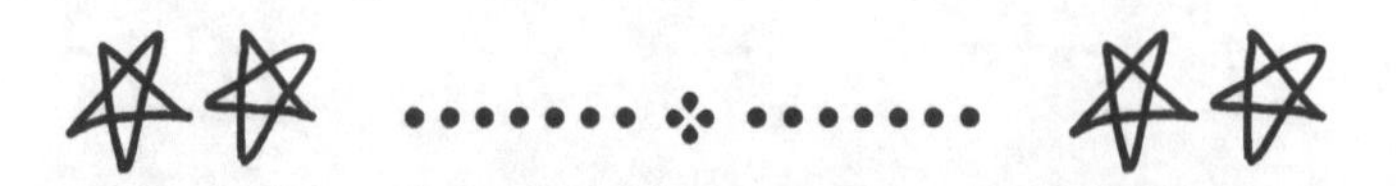

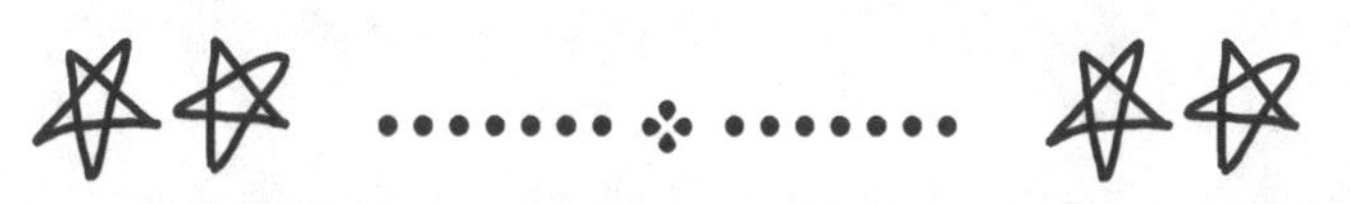

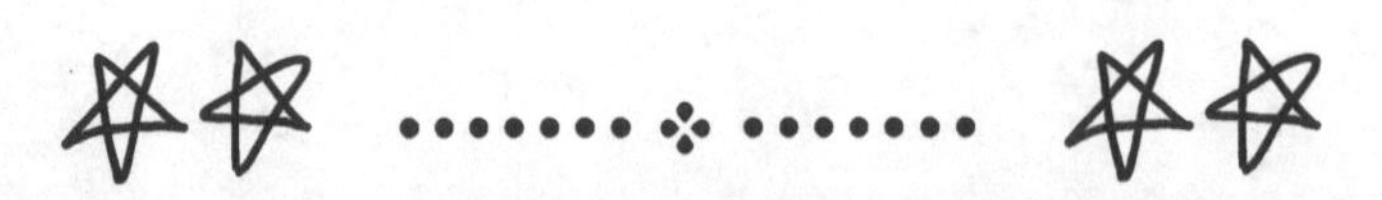

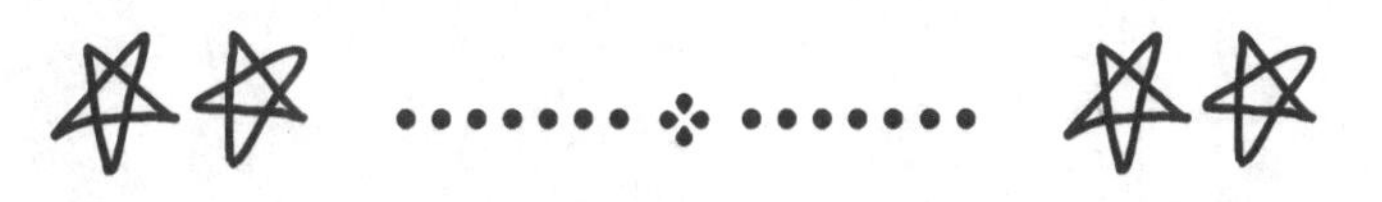

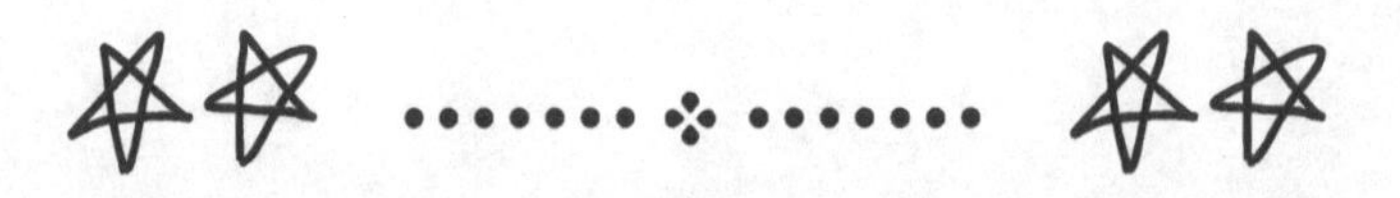

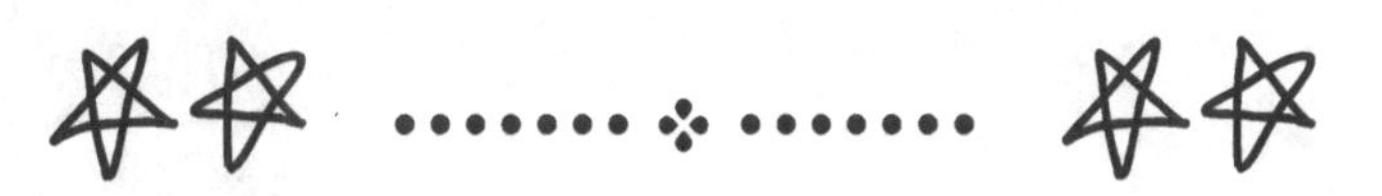

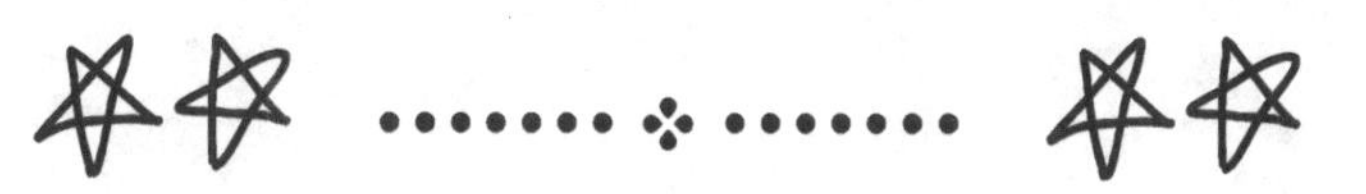

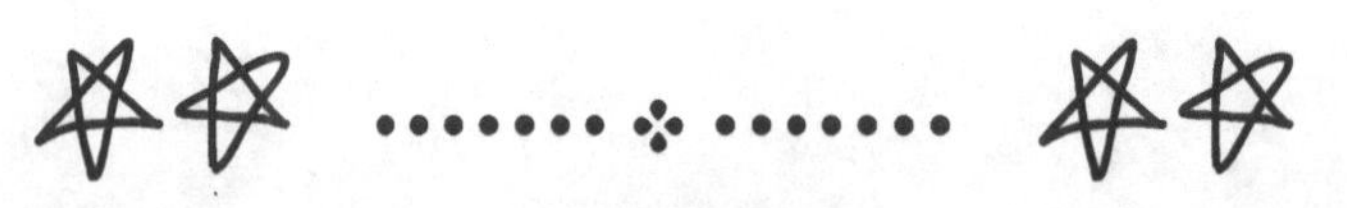

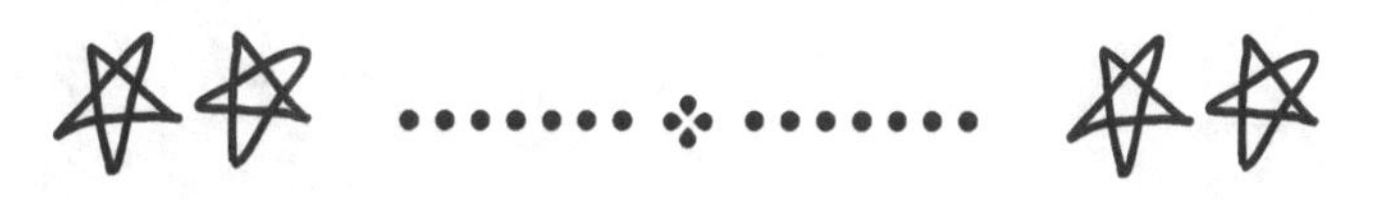

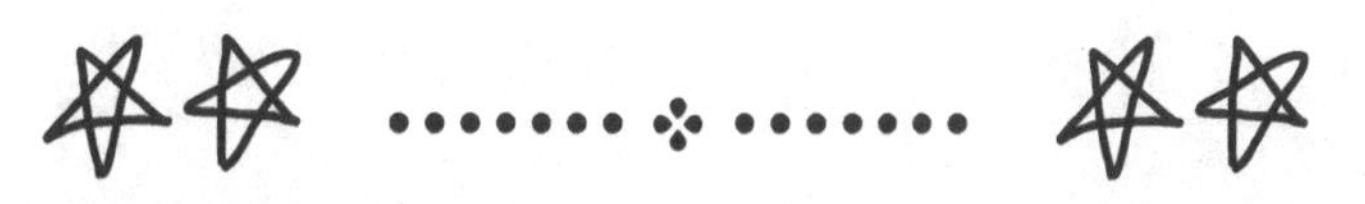

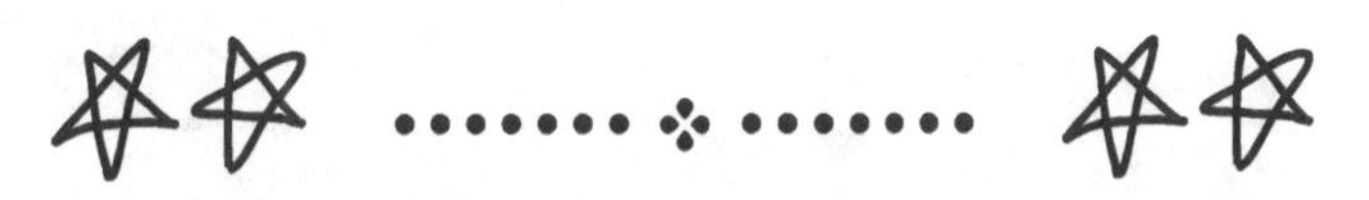

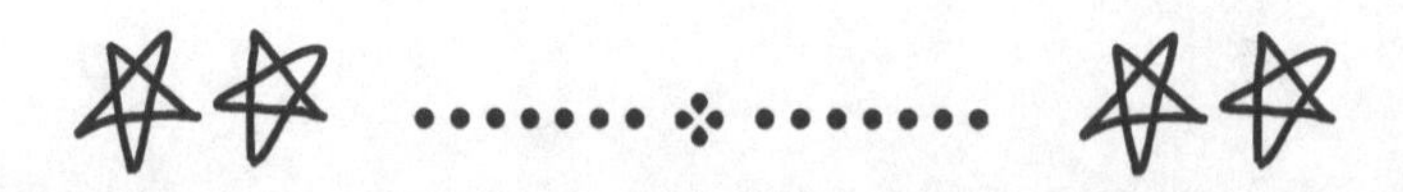

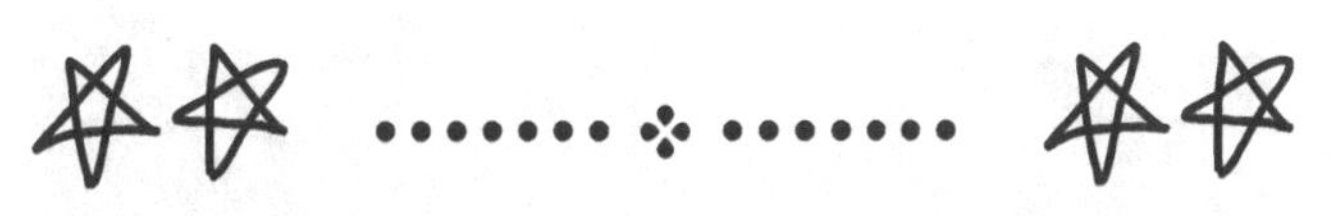

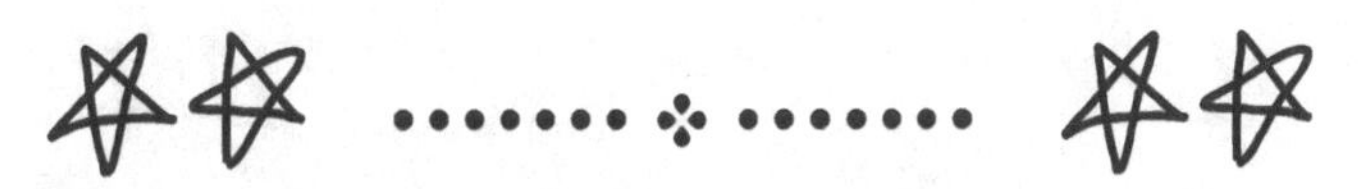

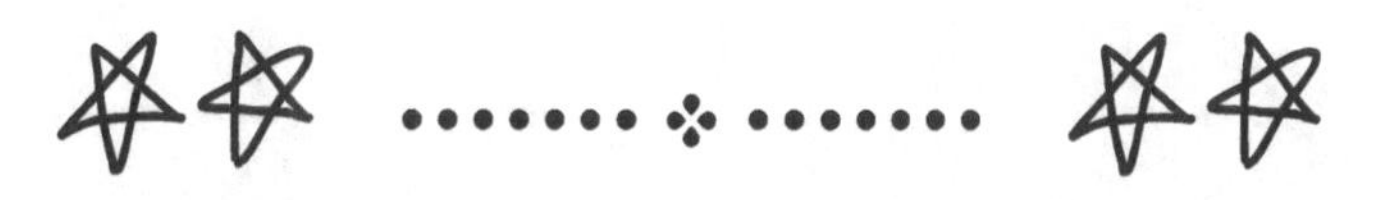

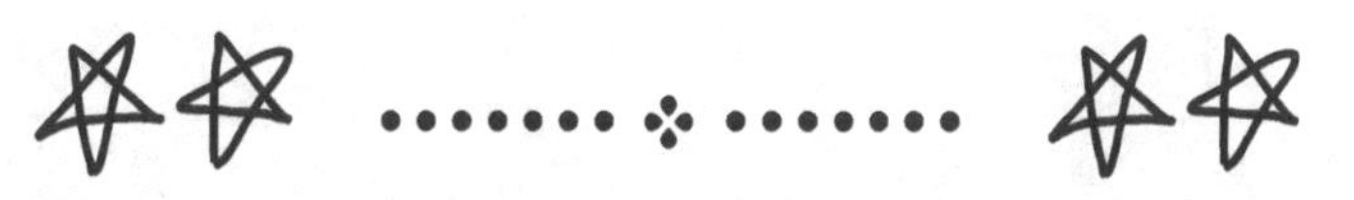

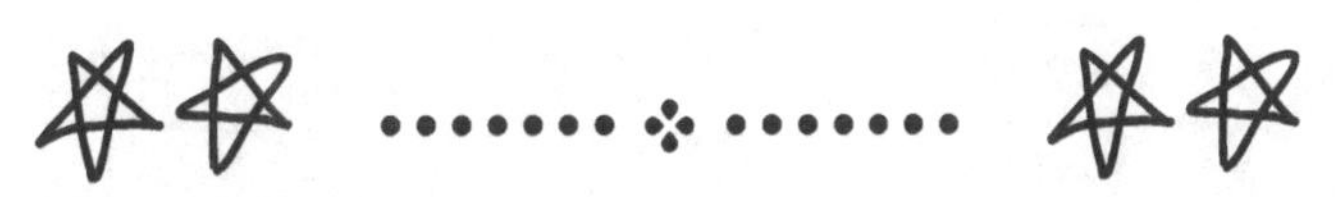

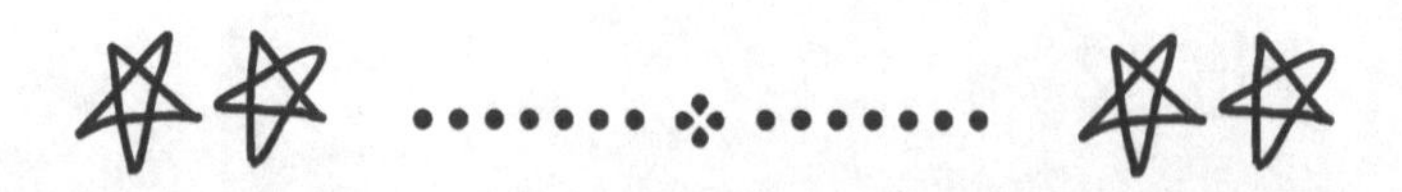

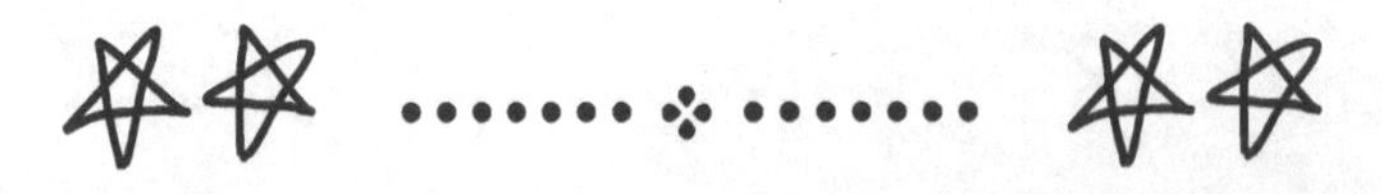

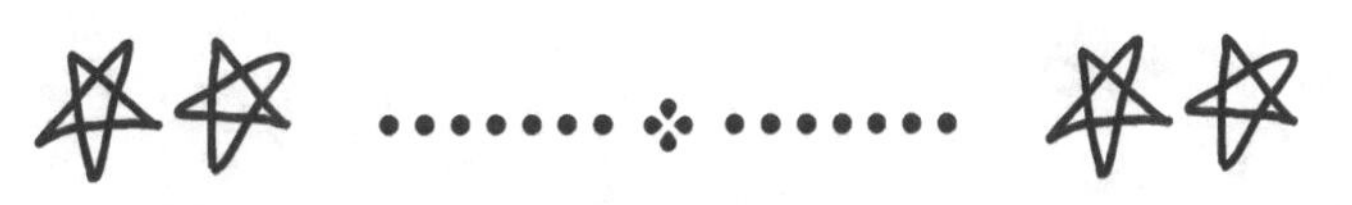

Made in United States
Troutdale, OR
07/11/2024